心も満たす

旅する喫茶のおうち *Recipe*

tsunekawa
Naoki Tamaki

KADOKAWA

こんにちは、こんばんは。

そして本書を手に取り、ページを開いてくださった方はどうも初めまして、「旅する喫茶」のtsunekawaとNaoki Tamakiです。

僕たちは、喫茶店に心地よく流れる空気の中ですごす時間が好きです。一人の時間。誰かと共に会話をしながらすごす時間。そんな時間が作りたくて、「旅する喫茶」という活動がはじまり、そして拠点となる高円寺の「旅する喫茶」が生まれました。

いつの日か、おうちでそんな空間と時間を作ることはできないだろうかと思い立ちはじめたのが、おうち喫茶です。

この本ではそんな喫茶の魅力に憧れて生まれたおうちでも楽しめるレシピから、「旅する喫茶」で生まれた数々のスパイスカレー、さまざまな地域のお料理、そしてデザートのレシピを収録しています。

おうちに自分だけの喫茶店を開店して、人生が少しでも豊かになるような幸せなひとときをおすごしください。

この1冊のレシピ本がそんなきっかけになれたらうれしいです。

Contents

1 章

旅する喫茶の
おうち喫茶定番レシピ

2章

旅する喫茶の
スパイスカレー

3章

旅する喫茶の
新・おうち喫茶メニュー

レシピのルール

- 材料の表記は、大さじ1＝15mℓ（15cc）、小さじ1＝5mℓ（5cc）です。
- 野菜の皮むきなど、食材の基本的な下ごしらえは省略しています。
- レシピには、目安となる分量や調理時間を記載していますが、
  食材や調理器具によって差がありますので、様子を見ながら加減してください。
- 火加減について、特に指定がないものは中火になります。
- 特に記載がない場合は、卵はM玉、バターは加塩タイプを使用しています。
- 電子レンジは600Wを使用しています。500Wの場合は、
  1.2倍を目安に様子を見ながら加熱時間を加減してください。
- オーブンや電子レンジの加熱時間は目安です。
  機種によって加熱時間は異なるので、様子を見ながら調節してください。

撮影／tsunekawa
調理／Naoki Tamaki
スタイリング／木村柚加利
デザイン／大塚　勤（Comboin）
DTP／阪口雅巳（エヴリ・シンク）
校正／一條正人
編集／戸田竜也（KADOKAWA）

1章

旅する喫茶の
おうち喫茶定番レシピ

　ナポリタンやプリン、パフェなど、喫茶店といえばイメージする料理はいろいろあります。この章では、そんな定番の喫茶店メニューをレシピ化しました。「旅する喫茶」をフィルターにかけて、なつかしいけど、どこか僕ららしさを感じてもらえれば幸いです。

昔ながらのナポリタン

「旅する喫茶」で実際にお出ししているレシピ。
どこかなつかしい、昔ながらのナポリタンの味をお楽しみください。

材料（1人前）

パスタ（1.9mm）	240g	**ナポリタンソース**	
玉ねぎ	1/4個	ケチャップ	120g
ピーマン	1個	赤ワイン	20ml
ソーセージ	3〜4本	牛乳	20ml
バター	30g	ウスターソース	10ml
パルメザンチーズ	お好み	塩・こしょう	少々
パセリ	少々		

下準備

玉ねぎは繊維に沿って薄切り、ピーマンは8等分にカット、
ソーセージは斜めにお好みのサイズでカットしておく。
ナポリタンソースは、あらかじめすべて混ぜ合わせておく。

作り方

1 たっぷりの水を沸騰させ、パスタを表示時間より1分短くゆでる。

2 バターをフライパンに溶かし、玉ねぎ、ピーマン、ソーセージを炒める。

3 玉ねぎがしんなりしてきたらソースを加える。

4 ソースがグツグツしてきたらパスタを混ぜ合わせる。

5 しっかり合わさったら皿に盛りつけ、パルメザンチーズとパセリをふりかけて完成。

ピザトースト

ナポリタンソースをそのまま活用したピザトースト。
忙しい朝でもサクッと作れますよ。

材料 (1枚分)

食パン(4枚切り) ……………… 1枚
玉ねぎ ……………………… 1/8個
ピーマン …………………… 1/2個
ソーセージ ………………… 2本
ナポリタンソース(P.12参照) 50ml
ミックスチーズ …………… 適量

下準備

玉ねぎは繊維に沿って薄切りに、ピーマンは薄く輪切りに、ソーセージは斜めに
適当なサイズでカットしておく。

作り方

1 食パンにナポリタンソースをまんべんなく塗り、具材をちらす。

2 ミックスチーズをたっぷりのせて、200℃のオーブントースターで3分加熱する。
　お好みでタバスコをふるのもおすすめ。

ホットドッグ

ケチャップを使わない「旅する喫茶」のホットドッグ。
焼きチーズの香りが食欲をそそります。
ソーセージはお気に入りのものを使って作ってみてください。

材料（1人分）

ドッグパン ……………………………… 2個
玉ねぎのピクルス(P.76参照) …… お好み
ソーセージ ……………………………… 2本
マスタード ……………………………… 適量
ミックスチーズ ………………………… 適量
ブラックペッパー ……………………… 少々
パセリ …………………………………… 少々

作り方

1 切り込みを入れたドッグパンの底に玉ねぎのピクルスをそれぞれ詰める。

2 マスタードを側面に塗り込み、ソーセージを1本ずつ挟む。

3 *2*にそれぞれチーズをたっぷりのせて、200℃のオーブントースターでしっかり焼き目がつくまで焼く。

4 ブラックペッパーとパセリをふりかけて完成。

旅する喫茶が出張開店しているさいに、
カレーの代打として誕生した『お留守番ハヤシライス』。
いまでは人気メニューのひとつです。

お留守番ハヤシライス

材料（4人前）

牛肉	400g	コンソメ（顆粒）	小さじ2
玉ねぎ	中2個	デミグラスソース	400g
ブラウンマッシュルーム（ホワイトでも可）	4個	はちみつ	大さじ1
にんにく	15g	バター	10gと30g
塩・こしょう	少々	サラダ油	15ml
薄力粉	50g	パセリ	適量
赤ワイン	250ml		
水	100ml	**バターライス**	
ウスターソース	30ml	ごはん	2合分
		バター	20g

下準備

牛肉は塩・こしょうで下味をつけ、薄力粉をまんべんなくまぶしておく。
玉ねぎは薄切り、マッシュルームとにんにくはスライスしておく。
ごはんはバターと混ぜ合わせてバターライスを作っておく。

作り方

1 鍋にサラダ油をひいて中火で熱し、薄切りにした玉ねぎ1個分と塩・こしょうを入れて炒める。

2 鍋底をこそぎながら飴色になるまで炒めたら、赤ワインと水を加え、少し火を弱めてフタをせずに30分煮込む。底が焦げないようにたまにヘラなどで混ぜる。また、煮込んでいる途中に水分が蒸発してトロッとしてきたら、減った分ぐらいの水（分量外）を足しながら煮込んでいく。

3 別のフライパンにバター10gを溶かし、スライスしたマッシュルームと塩・こしょうを入れてソテーする。マッシュルームがバターをしっかり吸ったら、一度取り出しておく。

4 3のフライパンを洗わずにそのまま使い、牛肉、スライスした玉ねぎ1個分、にんにくを少し焦げ目がつくまで炒め、一度取り出しておく。

5 炒めていたフライパンに水（分量外）を少し入れて加熱し、フライパンにこびりついている茶色い焦げをヘラなどでこそいで水に溶かし出し（これがうま味になる）、2に加える。

6 2に、ウスターソース、コンソメ、デミグラスソース、はちみつを加え、ふつふつしてくるまでさらに煮込む。

7 3と4の食材をすべて加えてサッと混ぜ、この時点でドロドロすぎたら水（分量外）を足して粘度を調整する。全体がなじんだら火を止めてバター30gを加え、溶かし混ぜたらバターライスと盛りつけ、パセリをふって完成。

オムライス

喫茶店の定番メニュー。わんぱくな印象なのに、
なんとなくノスタルジーを感じます。

材料（1人前）

鶏むね肉（鶏もも肉でも可）	50g
玉ねぎ	1/4個
ごはん	お茶碗2杯分
トマトケチャップ	大さじ3＋お好みで
コンソメ（顆粒）	小さじ2
こしょう	少々
バター	20g
サラダ油	大さじ1

パセリ	適量

卵液

卵	5個
牛乳	大さじ2
マヨネーズ	小さじ2
塩	ひとつまみ

下準備

鶏肉はひと口大に切っておく。
玉ねぎをみじん切りにしておく。
卵液はあらかじめ混ぜ合わせておく。混ぜるさいは、空気を含むように混ぜ合わせる。

作り方

1. フライパンにサラダ油をひき、鶏肉を色が変わるまで炒める。

2. 玉ねぎを加え、透明になるまで炒める。

3. ごはんを加え、切るように手早く炒める。さらにケチャップとコンソメを加え、こしょうを軽くふりかける。

4. 3のケチャップライスを器に盛る。

5. フライパンにバターを入れ、まんべんなくのばす。中火でフライパンがしっかり温まったことを確認したら、少し火を弱めて卵液を一気に流す。大きく円をえがくように外側から混ぜ、半熟になったら火を止める。

6. 4の上に5をのせ、形を整えたらお好みでケチャップをかけ、パセリをふりかけて完成。

たまごホットサンド

ホットサンドメーカーで作るシンプルなたまごサンド。
機器がなくても、
通常のサンドイッチとしても作れます。

材料（1人前）

食パン（8枚切り）	………	2枚
A	ゆで卵	………	2個
	玉ねぎピクルス（P.76参照）	………	小さじ1
	マヨネーズ	………	大さじ2
	マスタード	………	小さじ1
	ブラックペッパー	………	少々
バター	………	小さじ1

下準備

Aの材料をすべて混ぜ合わせておく。

作り方

1 ホットサンドメーカーにバターを溶かし、食パンをのせる。

2 Aを食パン1枚にのせ、さらに食パンでサンドして、ホットサンドメーカーを閉じる。

3 こんがり焼き目がついたら、完成。

旅する喫茶のプリン

「旅する喫茶」では定番のしっかり硬めのプリン。
甘さ控えめで、カラメルがほろ苦く、大人の味わい。

材料（大きめのプリンカップ4個分）

全卵	4個	グラニュー糖	60g
牛乳	250ml	水	適量
きび砂糖	50g	熱湯	適量
バニラオイル	数滴		

下準備

卵はあらかじめ常温に戻しておく。

作り方

1　最初にカラメルを作る。小鍋にグラニュー糖と少しかぶる程度の水を加えて加熱し、小鍋から煙が出るようになってきたら熱湯を加え、色がそれ以上濃くならないようにする。泡がゆっくりぼこぼこするくらいの粘度になったら火を止め、プリンカップに大さじ1ずつ流して固まるまで置いておく。

2　ボウルに全卵、きび砂糖の2/3を入れて、ざっくりと泡立て器で混ぜ合わせておく。

3　牛乳とバニラオイルを鍋で加熱し、60℃くらいになったら止める。ここで温度が高すぎると卵に火が入ってしまうので注意。

4　2の卵液に3を3回に分けてゆっくり入れる。1回入れるたびに、泡立たないように右に10回、左に10回と底を擦るように、10セットをくり返して混ぜる。合計200回混ぜたら粉ふるいでこす。これを3回くり返したら卵液の完成。

5　プリン型に卵液を7割程度まで流していく。このとき、底のカラメルがしっかり固まっているか確認してから行う。液を流したら、表面に火が通りすぎないように、カップにアルミホイルを被せ、耐熱バットに60℃程度のお湯をはってカップを置く。

6　170℃に予熱したオーブンに耐熱バットを入れ、160℃に下げてから50分にセットしてスタートし、25分で耐熱バットの前後を反転させる。

7　しっかり固まっていれば完成。竹串などを使ってカップとプリンの間に少し隙間を作るときれいに皿に落ちる。

夜空のレアチーズケーキ

満天の星空をゼリーの上に模したチーズケーキ。
夜空を思い浮かべながら、
今夜のデザートとしていかがでしょうか。

材料（18cm 1ホール分）

クリームチーズ	200g
A ┌ 砂糖	70g
├ プレーンヨーグルト	100g
├ レモン汁	大さじ1
└ バニラエッセンス	適量
生クリーム	200ml
粉ゼラチン	10g
水	大さじ4
金粉	適量

夜空ゼリー

青色シロップ	50ml
粉ゼラチン	5g
熱湯	100cc

ボトム

お好みのビスケット	80g
溶かしバター	30g

下準備

クリームチーズを常温に戻しておく。
水に粉ゼラチンをふり入れ、ふやかしておく。

作り方

1 ビスケットをビニールに入れ、麺棒などで細かく砕き、溶かしバターを加えてもみこむ。シートを敷いた型に敷き詰める。

2 クリームチーズを泡立て器で混ぜてクリーム状にしたら、Aの材料を加え、しっかり混ぜ合わせる。

3 生クリームを少しずつ加えながら、泡立て器でしっかり混ぜる。

4 ふやかしたゼラチンをレンジで30秒ぐらい温める。しっかり溶けたら3に加え、よく混ぜる。

5 4をザルで3回こしてから1の型に流し入れ、冷蔵庫で冷やし固める。

6 夜空ゼリー用の熱湯に粉ゼラチンを入れて溶かしたら、シロップも加えて混ぜる。粗熱が取れたら、5の固まった生地に流し入れ、再度冷蔵庫でしっかり冷やす。

7 型をはずし、ゼリー部分にお好みで金粉をちりばめたら完成。このとき、ティースプーンで表面に水分をつけながらちりばめていくときれいにできる。

ヨーグルトのカッサータ

カッサータはイタリア・シチリア島の伝統菓子で、
暑い夏にぴったりのアイスケーキです。
「旅する喫茶」ではヨーグルトをベースに作っています。

材料（パウンドケーキ型18cm1本分）

ヨーグルト（加糖）	800g	はちみつ	20g
生クリーム	400g	ブルーベリーソース	適量
オレンジピール	100g	フランボワーズソース	適量
ローストミックスナッツ（無塩）	100g	ブラックペッパー	少々
グラニュー糖	40g	ローズマリー	1本

下準備

ボウルに網ザルを重ね、さらに清潔なキッチンペーパーをザルの中に敷いてヨーグルトを入れる。
ラップをし、ひと晩置いて水切りヨーグルトを作っておく。

作り方

1. 水切りヨーグルトに生クリーム、オレンジピール、ナッツ、グラニュー糖、はちみつを加えてゴムベラで混ぜ合わせる。

2. クッキングペーパーを敷いた型に流し込み、冷凍庫で冷やし固める。

3. 2cmほどの幅にカットし、器にソースとともに盛りつけ、ブラックペッパーをふってローズマリーを飾りつけたら完成。

青空のクリームソーダ

「旅する喫茶」定番の空色のクリームソーダです。
グラデーションは澄み渡る青空をイメージしています。

材料（1杯分）

A	水色シロップ	20ml	
	炭酸水	30ml	
B	ガムシロップ	20ml	
	炭酸水	120ml	
	レモン果汁	小さじ1	

ロックアイス ……………… 適量
バニラアイス ……………… 適量
さくらんぼ …………………… 1個

作り方

1 Aの材料をそれぞれ容器に入れて、ゆっくり混ぜ合わせる。

2 Bの材料を*1*とは別の容器へ入れて、ゆっくり混ぜ合わせる。

3 Aのソーダ水をグラスに注ぎ、水をいっぱいになるまで入れる。

4 *3*にBのソーダ水をゆっくりと注ぐ。1/3ほど(約40ml)入れたら、グラスを円をえがくようにふり、軽く混ぜ合わせる。

5 その後、Bの残りをゆっくり注ぐ。このとき、勢いよく注ぐと下側のソーダ水と混ざりすぎてしまうので、ゆっくりと注ぐのがポイント。

6 バニラアイスをのせ、さくらんぼを添えれば完成。

なつかしのクリームソーダ

喫茶店に昔からあるようなクリームソーダを再現。
王道の緑や赤、黄色。喫茶店によってさまざまな色があります。
おうちで作るときも好きな色で作ってみてください。

材料（1杯分）

メロンシロップ	40ml
炭酸水	120ml
ロックアイス	適量
バニラアイス	適量
さくらんぼ	適量

作り方

1 シロップと炭酸水を混ぜる。

2 グラスに氷を敷き詰める。

3 グラスへゆっくりソーダ水を注ぐ。

4 バニラアイスをのせる。

5 さくらんぼを添えて完成。

純喫茶のパフェ

好きな果物を使って、
自分だけのパフェに彩りましょう。

材料（1杯分）

水切りヨーグルト（P.28参照）········ 大さじ2
コーンフレーク ······························ 適量
いちごジャム ······························ 大さじ1
好きな果物（キウイ、バナナ、いちご）····· 適量
バニラアイス ································ 適量

ミント ······································ 適量
スティックビスケット（チョコレート）··· 2本
生クリーム ································ 適量
さくらんぼ ································ 1個

作り方

1. 好きなパフェグラス（おうちにあるお気に入りのグラスでOK）の底に
ヨーグルト半量を入れてコーンフレークを入れる。

2. 上から残りのヨーグルトを入れて、いちごジャムを加える。

3. カットした果物を入れて、パフェの土台が完成。

4. 花弁のように果物を並べて、アイスを2段に重ねる。

5. ミントを添えてスティックビスケット、生クリーム、さくらんぼをのせたら
完成。

モンブランパフェ

こっくり秋色に染まる季節、
甘い魅惑のパフェで素敵なおうち時間を。

材料（1個分）

カステラ	80g	マロンペースト	
栗の甘露煮	4個	栗の甘露煮	100g
カフェオレベース	小さじ2	ホイップクリーム	100ml
ビスケット	1枚	砂糖	大さじ1
ミント	適量		
くるみ	適量		

下準備

トッピング用の栗の甘露煮は半分にカットしておく。

作り方（マロンペースト）

1 耐熱容器に栗の甘露煮を入れ、ふんわりとラップをして600Wの電子レンジで1分ほど加熱する。

2 フードプロセッサーに1、ホイップクリーム、砂糖を入れて細かくなるまで攪拌する。

作り方（パフェ）

1 パフェグラスにひと口大に切ったカステラを半量入れる。

2 その上からカステラが見えなくなるまでマロンペーストを半量入れる。

3 栗の甘露煮2個と残りのカステラをのせ、表面が平らになるようにマロンペースト1/4量を重ねる。

4 カフェオレベースをカステラに染み込ませるイメージで注ぐ。

5 残りのマロンペーストをのせて、残りの栗の甘露煮とビスケット、ミントを添え、砕いたくるみをちらして完成。

珈琲ゼリー

～～～～～～～

ドリップコーヒーで作る
「旅する喫茶」のコーヒーゼリー。
深煎りに焙煎された豆を使うのがおすすめです。

材料（1個分）

珈琲豆 (挽いたもの)	15g
お湯 (90℃程度、沸騰させてから少し冷ましたもの)	150ml
粉ゼラチン	3g
グラニュー糖	小さじ2
バニラアイス	適量
ホイップクリーム	適量
ミント	適量

作り方

1. 珈琲フィルターに珈琲豆を入れて、お湯を30ml程度注いでから20秒ほど蒸らす。その後、円をえがくように残りのお湯をゆっくり注ぐ。

2. 1にゼラチンとグラニュー糖を入れて溶けるまでスプーンで混ぜて、粗熱を取ってから器に注ぎ、冷蔵庫で固まるまで冷やす。

3. ゼリーが固まったらアイスをのせ、ホイップクリームを絞り、ミントを飾れば完成。

フレンチトースト

ふっくらふわふわ。
ひと工夫で専門店顔負けの
フレンチトーストのできあがり。

材料（1人）

食パン（4枚切り）	1枚	ミント	適量
卵	1個		
牛乳	80ml	**ソース**	
砂糖	15g	冷凍ミックスベリー	100g
バター	20g	砂糖	30g
ホイップクリーム	適量		

下準備

卵を溶いて、牛乳、砂糖を混ぜ合わせて卵液を作っておく。

作り方（ソース）

1 鍋にソース用のミックスベリーと砂糖を加えて中火で火にかける。

2 冷凍が溶けて、砂糖も溶けきったら弱火にして3分程度煮詰める。

3 とろみが出てきたら完成。

作り方（フレンチトースト）

1 バットに食パンを並べ、その上から卵液を流しこむ。

2 裏返して、全体に卵液が染み込むようにしてから30分寝かせる。

3 フライパンを温めてから弱火にしてバターを全体に溶かし、バターが茶色くなるまで弱火を保つ。

4 少しだけ火を強めて、ゆっくり2を入れて焼く。焦げ目がついてきたらひっくり返してフタをする。

5 焼き加減をときどき裏返しながら確認しつつ、ふっくらと十分に火が通ったら皿に盛りつける。

6 ソースをかけて、ホイップクリームとミントを添えたら完成。

フルーツサンド

季節の果実を使ったフルーツサンド。
自分だけのおうち喫茶、本日開店。

材料（2人分）

食パン（8枚切り）	4枚
水切りヨーグルト（P.28参照）	300g
砂糖	大さじ2
ぶどう・マスカット	各3個

作り方

1 水切りヨーグルトと砂糖を混ぜる。

2 食パンの耳を切り、1を食パンの片面に塗る。

3 カット後をイメージして、食パンの対角線上にぶどうとマスカットをそれぞれ並べる。

4 サンドして、ラップに包んで冷蔵庫で30分ほど冷やす。

5 ラップに包んだままカットして完成。

ミックスジュース

子どもの頃、おばあちゃんに連れて
行ってもらった神戸の純喫茶。
そこで飲んでいた思い出の味を再現しました。

材料 (1人)

バナナ ……………………………… 60g
みかん(缶詰) ……………………… 80g
桃(缶詰) …………………………… 30g
バニラアイス ……………………… 40g
牛乳 ………………………………… 120ml
ミント ……………………………… 適量

下準備

果物はミキサーにかけやすいように適当なサイズにカットしておく。

作り方

1 すべての材料をミキサーにかけてグラスに注ぐ。

2 ミントを添えれば完成。

2章

旅する喫茶の
スパイスカレー

高円寺のお店でも看板メニューにしているスパイスカレー。今回はおうちでも作れるスパイスカレーのレシピを紹介します。最初はスパイスを用意するのがひと苦労ですが、1度作ると、一気にカレーの魅力に引き込まれます。バリエーションと香り豊かなカレーの世界へようこそ。

テンパリングとは

テンパリングとは、油にホールスパイスの香りを移す作業のことです。スパイスの香り成分のほとんどが脂溶性なので、最初の段階でしっかり香りを移していくことが重要です。ポイントは、絶対にスパイスを焦がさないように弱火でじっくりと火にかけていくことです。**目安は、スパイスの周りにふつふつと気泡が出てきはじめてから20秒ほどたてばOK。**焦げてしまうと香りが飛び、苦味が出てくるので要注意です。

料理写真のごはんについて

ごはんは盛りつけ例のため、材料に記載していません。お好みのごはんで召し上がってください。

旅する喫茶のチキンカレー

材料(4人分)

玉ねぎ	中1.5個		
にんにく	60g		
しょうが	60g		
青唐辛子			
(ししとうでも可)	1本		
トマト缶	200g		
塩	小さじ1		
ココナッツミルク	40ml		
マンゴーチャツネ	10g		
バター	15g		
ガラムマサラ	小さじ2		
サラダ油	60ml		

鶏がらスープ

鶏がらスープの素	小さじ1
水	200ml

チキンマリネ

鶏もも肉	300〜400g
ヨーグルト	40g
お好みのカレー粉	大さじ1

ホールスパイス

クミンシード	小さじ1
クローブ	8粒

カルダモン	4粒
シナモン	1片
マスタードシード	小さじ1
ブラックペッパー	10粒

パウダースパイス

コリアンダー	大さじ1
クミン	小さじ2
パプリカ	小さじ1
ターメリック	小さじ1
ブラックペッパー	小さじ1
チリパウダー	小さじ1

下準備

鶏もも肉は皮を剝がしてひと口大に切り、ヨーグルト、カレー粉と混ぜ合わせて1時間以上漬け込む。
玉ねぎは繊維に沿って薄切りに、にんにく、しょうが、青唐辛子はみじん切りにしておく。
鶏がらスープの素と水を小鍋で加熱し、鶏がらスープを作っておく。

作り方

1 フライパンにサラダ油をひいて弱火で熱し、ホールスパイスと塩を入れてテンパリングする。

2 玉ねぎを加えて、濃い飴色まで炒める(鍋底が焦げないように注意)。

3 にんにく、しょうが、青唐辛子を入れて、青臭さがなくなるまで炒める。

4 火を止めて、パウダースパイスを入れて混ぜ合わせ、弱火で少し炒める。

5 トマト缶を加え、トマトが崩れてなくなるまで炒める。

6 マリネ液ごと鶏肉を入れて、火が通ってきたら鶏ガラスープを入れる。

7 グツグツしてきたら弱火にして、ココナッツミルク、マンゴーチャツネを入れてさらに弱火で
10分煮込む。

8 バターを加えて溶かし、最後にガラムマサラを加えて少し火にかけたら完成。玄米ごはんと
食べるのがおすすめ。

当店定番のチキンカレー。
旅する喫茶がはじまった頃から改良を重ねてきました。
ほぼ実際に作っているものと同じ本格レシピです

バターチキンカレー

辛いカレーが苦手な方でも食べやすい
マイルドなバターチキンカレー。
材料のホールスパイスがなくてもおいしく作れます。

材料（4人分）

バター	60gと20g	**チキンマリネ**	
おろしにんにく	30g	鶏もも肉	300〜400g
おろししょうが	60g	ヨーグルト	60g
トマト缶	200g		
カレー粉	大さじ2	**ホールスパイス（あれば）**	
塩	小さじ1	フェヌグリーク	小さじ1
水	150ml	カルダモン	6粒
砂糖	大さじ1	クローブ	8粒
生クリーム	100g	シナモン	1片

下準備

鶏もも肉は皮を剥がしてひと口大に切り、ヨーグルトと混ぜ合わせて1時間以上漬け込む。

作り方

1 バター60gをフライパンで溶かして、ホールスパイスを入れてテンパリングする。

2 にんにくとしょうがを加えて炒め、香りが立ってきたらトマト缶を入れて煮立たせる。

3 2にカレー粉と塩を入れ、混ぜながら少し煮る。

4 マリネ液ごと鶏肉を入れて、表面に火が通ってきたら水と砂糖を加え、フタをして弱火で10分煮込む。

5 生クリームを入れて、最後にバター20gを溶かし入れたら塩加減を調整して完成。

ポークビンダルー

しっかり酸味を利かせた辛くて酸っぱいポークビンダルー。
ポークビンダルーとは南インドのゴア地方の郷土料理。
店主が一番好きなカレーです。

材料(4人分)

豚肉マリネ

豚バラブロック	400g
赤ワインビネガー	45ml
おろしにんにく	30g
おろししょうが	30g
塩	小さじ1
砂糖	大さじ1

ホールスパイス

クミンシード	小さじ1
マスタードシード	小さじ1
レッドチリ	2本〜
カルダモン	6粒
クローブ	8粒
シナモン	1片

パウダースパイス

コリアンダー	大さじ1
ブラックペッパー	小さじ1
パプリカ	小さじ1
ターメリック	小さじ1/2
チリパウダー	お好み

玉ねぎ	中1個
トマトペースト	30g
赤ワイン	200ml
ガラムマサラ	小さじ1
塩	適量
サラダ油	60ml
パクチー	適量

下準備

豚バラ肉はひと口大にカットし、すべて混ぜたマリネ液にひと晩漬け込む。
玉ねぎは繊維に沿って薄切りにしておく。

作り方

1 フライパンにサラダ油をひいて弱火で熱し、ホールスパイスを入れてテンパリングする。

2 1に玉ねぎを入れて飴色になるまで炒める。

3 漬け込んだ豚肉をマリネ液ごと入れて、表面に火が通るまで炒める。

4 トマトペーストを入れて、軽く炒めたらパウダースパイスを混ぜ合わせて弱火でさらに炒める。

5 赤ワインを入れて、フタをして弱火で45分煮込む。

6 ガラムマサラを混ぜ合わせ、塩で調整したら完成。お好みでパクチーをちらす。

マスタードフィッシュカレー

ココナッツベースのまろやかなお魚カレー。
好きな白身魚を使って作ってみましょう。

材料 (4人分)

白身魚(切り身)	4切れ
玉ねぎ	中1.5個
にんにく	15g
しょうが	30g
トマト缶	45g
塩	小さじ1
水	150ml
ココナッツミルク	300ml
レモン汁	30ml
サラダ油	45ml
パクチー	適量

パウダースパイス	
コリアンダー	大さじ1.5
クミンパウダー	小さじ1
ブラックペッパー	小さじ1
ターメリック	小さじ2

ホールスパイス	
フェンネルシード	小さじ1
マスタードシード	小さじ1
シナモン	1片
カレーリーフ	大さじ1

下準備

にんにくとしょうがはみじん切り、玉ねぎは薄切りにカットしておく。

作り方

1 フライパンにサラダ油をひいて弱火で熱し、ホールスパイスを入れてテンパリングする。

2 にんにくとしょうがを加えて、香りが立つまで炒める。

3 玉ねぎを加え、茶色っぽくなるまで炒める。

4 トマト缶を加え、軽く炒めたら塩とパウダースパイスを加えて弱火で少し炒める。

5 白身魚を加えて、形が崩れないように混ぜ合わせる。

6 水とココナッツミルクを入れ、弱火で魚に火が通るまで煮込む。

7 レモン汁を加え、塩で調整したら完成。お好みでパクチーもちらす。

きのこの和風キーマカレー

きのこを使った和風テイストのキーマカレー。
好きなきのこを使って、
オリジナル感を出すのもアリです。

材料 (4人分)

合いびき肉	400g
しめじ	50g
玉ねぎ	中1個
にんにくの芽	4本
にんにく	30g
しょうが	30g
トマト缶	60g
だしの素 (顆粒)	小さじ1
塩	小さじ1/2
醤油	大さじ2
サラダ油	45ml

ホールスパイス	
クミンシード	小さじ1
カルダモン	6粒
クローブ	8粒
シナモン	1片
ローリエ	2枚

パウダースパイス	
クミンパウダー	大さじ1
コリアンダーパウダー	大さじ1
パプリカパウダー	小さじ1.5
ターメリックパウダー	小さじ1
ガラムマサラ	小さじ2

下準備

にんにく、しょうが、玉ねぎはみじん切りにしておく。
にんにくの芽は3cm幅で切っておく。

作り方

1. フライパンにサラダ油をひいて弱火で熱し、ホールスパイスとだしの素を入れてテンパリングする。

2. にんにくとしょうがを加えて、香りが立つまで炒める。

3. 玉ねぎを加え、薄く茶色くなるまで炒める。

4. トマト缶を加え、潰しながら煮込む。

5. 形が崩れてきたらひき肉を加え、色が変わるまで火を通す。

6. 塩と醤油を加え、混ぜ合わせたらしめじを入れて炒める。

7. パウダースパイスを加え、少し炒めてからにんにくの芽も入れる。鮮やかな緑色になるまで炒めたら完成。玄米ごはんと食べるのがおすすめ。

ねぎまみれ! みそポークキーマカレー

ごま油が香るみそベースのキーマカレー。
みその味わいが食欲をそそり、
とってもごはんがすすむひと品です。

材料 (4人分)

玉ねぎ	中1個		**ホールスパイス**	
にんにく	45g		クミンシード	小さじ1
しょうが	30g		カルダモン	6粒
豚ひき肉	400g		クローブ	8粒
白ねぎ	1本		シナモン	1片
A ┌ トマト缶	60g		ローリエ	2枚
はちみつ	大さじ1			
赤みそ	大さじ2		**パウダースパイス**	
└ 醤油	大さじ2		カレー粉	大さじ1
ごま油	45ml		クミンパウダー	大さじ1
卵黄	1個		コリアンダーパウダー	大さじ1
万能ねぎ(小口切り)	適量		パプリカパウダー	小さじ1/5
			ターメリックパウダー	小さじ1

下準備

玉ねぎ、にんにく、しょうがはみじん切りにしておく。
白ねぎは斜めに1cm幅くらいに切っておく。Aは先に混ぜ合わせておく。

作り方

1 フライパンにごま油をひいて弱火で熱し、ホールスパイスを入れてテンパリングする。

2 にんにくとしょうがを加えて、香りが立つまで炒める。

3 玉ねぎを加え、薄く茶色くなるまで炒める。

4 豚ひき肉を入れて、色が変わるまで火を通す。

5 パウダースパイスを加えて少し炒める。

6 白ねぎを加え、しんなりするまで炒める。

7 混ぜ合わせたAを加え、全体がなじんだら完成。器に盛りつけたら卵黄を落とす。万能ねぎを
たっぷりかけるのがおすすめ。

本格！グリーンカレー

現地の食材を使った本格グリーンカレー。
ペーストからちゃんと作ることで本格的な風味になりますよ！
また、ペーストは冷凍保存できるので、作っておくと便利です。

材料（4人分）

		グリーンカレーペースト（2回調理分）	
鶏もも肉	200g	青唐辛子	5本
茄子	2本	紫玉ねぎ	1/4個
ピーマン	1個	にんにく	15g
パプリカ（赤）	1/2個	しょうが	10g
しめじ	1株	パクチー（根まで使う）	1/2株
グリーンカレーペースト	60g	スィートバジル	5枚
水	150ml	アンチョビペースト	10g
ココナッツミルク	400ml	コリアンダーパウダー	2g
こぶみかんの葉	3枚	クミンパウダー	1g
ナンプラー	15ml	きび砂糖	小さじ1
塩・こしょう	適量	水	30g
オリーブオイル	45ml		

下準備

鶏もも肉はひと口大、野菜はすべて食べやすいサイズにカットしておく。
しめじは小房に分ける。グリーンカレーペーストの青唐辛子と紫玉ねぎはミキサーに入るサイズにカットし、すべての材料をミキサーに入れてペースト状にしておく。

作り方

1 フライパンにオリーブオイルをひいて熱し、鶏肉の皮を下にして焼き目がつくまで火を通す。

2 野菜をすべて入れ、軽く火が通ったら油を残して具材をいったん取り出す。

3 同じフライパンにグリーンカレーペーストを入れて炒める。途中で水を足してペーストを溶く。

4 ココナッツミルクを2回に分けて加えていく。

5 煮立ってきたら具を戻して、こぶみかんの葉とナンプラーを加える。

6 フタをして弱火で5〜6分煮込み、塩・こしょうで味を調えれば完成。

夏野菜のビーフカレー

野菜のうま味がたっぷり詰まった
夏に食べたくなるビーフカレー。
ゴロゴロした具だくさんカレーっていいですよね。

材料 (4人分)

牛肉(お好みの部位でOK)	200~300g
玉ねぎ	中1個
おろしにんにく	30g
おろししょうが	30g
キャベツ	3枚
ズッキーニ	1/2本
茄子	1/2本
パプリカ(赤)	1/2個
ブロッコリー	1/4株
トマト缶	60g
塩	小さじ1
水	300ml
サラダ油	60ml

ホールスパイス	
カルダモン	6粒
クローブ	8粒
シナモン	1片

パウダースパイス	
コリアンダーパウダー	大さじ1.5
クミンパウダー	大さじ1
ターメリック	小さじ1
パプリカパウダー	小さじ1
ブラックペッパーパウダー	小さじ1
チリパウダー	小さじ1
カルダモンパウダー	小さじ1
ガラムマサラ	小さじ1

下準備

牛肉はひと口大にカットしておく。
玉ねぎは繊維に沿って薄切り、その他の野菜は食べやすい大きさにカットしておく。

作り方

1 フライパンにサラダ油をひいて弱火で熱し、ホールスパイスを入れてテンパリングする。

2 玉ねぎを加え、飴色になるまでしっかり炒める。

3 にんにくとしょうがを加えて、玉ねぎとなじむまで炒める。

4 トマト缶を加え、少し煮立たせてから牛肉を加え、表面の色が変わるまで火を通す。

5 パウダースパイスと塩を加え、弱火にして全体を混ぜ合わせる。

6 野菜類をすべて加え、しんなりするまで炒める。

7 水を加え、全体がなじむまで煮込んでから塩(分量外)で調整すれば完成。

花椒で痺れる！
麻辣ラムキーマカレー

しっかり辛くて痺れる中華テイストのキーマカレー。
汗を流しながら、ぜひビールと一緒にどうぞ！

材料 (4人分)

ラム粗びき肉	400g
玉ねぎ	1/2個
長ねぎ	1/2本
おろしにんにく	45g
おろししょうが	15g
A 甜麺醤	小さじ1.5
豆板醤	小さじ1
醤油	小さじ1/2
塩	小さじ1/2
ラー油	60ml
温泉卵	4個
花椒	適量
紫玉ねぎ	適量
パクチー	適量

ホールスパイス

八角	3個
花椒	小さじ2
赤唐辛子	2本
シナモン	1片

パウダースパイス

コリアンダーパウダー	大さじ1
クミンパウダー	小さじ2
パプリカパウダー	小さじ1
ターメリックパウダー	小さじ1/2
花椒パウダー	小さじ2
ブラックペッパーパウダー	小さじ1

下準備

玉ねぎ、長ねぎはみじん切りにしておく。
Aの材料をあらかじめ混ぜ合わせておく。

作り方

1 フライパンにラー油をひいて弱火で熱し、ホールスパイスを加えてテンパリングする。

2 にんにくとしょうがを加え、香りが立ってくるまで炒める。

3 玉ねぎと長ねぎを加え、しんなりするまで中火で炒める。

4 ひき肉を加え、色が変わるまで火を通したら、パウダースパイスを加えて混ぜ合わせる。

5 Aの材料を加えてある程度水分が飛んだら完成。お好みで温泉卵と花椒、スライスした紫たまねぎ、パクチーを添える。ターメリックライスと食べるのがおすすめ。

ココナッツオイスターカレー

牡蠣好きにはたまらないオイスターカレー。
牡蠣のうま味とスパイスがベストマッチしています。

材料（4人分）

牡蠣（加熱用）	300g
玉ねぎ	中1個
にんにく	15g
しょうが	15g
青唐辛子	1本
トマト缶	60g
塩	小さじ1
水	200ml
ココナッツミルク	200ml
レモン汁	15ml
サラダ油	45ml
パクチー	適量

ホールスパイス

フェンネルシード	小さじ1
マスタードシード	小さじ1
カレーリーフ	大さじ1

パウダースパイス

コリアンダーパウダー	大さじ1.5
クミンパウダー	小さじ2
ターメリックパウダー	小さじ2
ブラックペッパーパウダー	小さじ1

下準備

玉ねぎは繊維に沿って薄切りに、にんにくとしょうがはみじん切りに、青唐辛子は1cm幅にカットしておく。

作り方

1 フライパンにサラダ油をひいて弱火で熱し、ホールスパイスを入れてテンパリングする。

2 にんにくとしょうが、青唐辛子を加え、香りが立ってくるまで炒める。

3 玉ねぎを加え、しんなりするまで中火で炒める。

4 トマト缶を加え、煮立たせたら塩とパウダースパイスを加えて弱火で混ぜ合わせながら炒める。

5 水を加え、なじませたら牡蠣を加えて弱火で4~5分煮る。

6 ココナッツミルクを加えてひと煮立ちしたら、最後にレモン汁を加え、パクチーを添えて完成。

豚キムチカレー

豚キムチにスパイスを加えてカレーテイストにアレンジ。
濃い味で、とってもごはんがすすむピリ辛レシピ。

材料（4人分）

豚バラ肉	300g	**豚キムチソース**		
玉ねぎ	中1/2個	コチュジャン	大さじ2	
長ねぎ	1/2個	醤油	大さじ1	
にら	1/2束	酒	大さじ1	
キムチ	200g	砂糖	大さじ1	
おろしにんにく	15g	水	100ml	
おろししょうが	15g			
サラダ油	45ml	**パウダースパイス**		
ごま油	15ml	カレー粉	大さじ1.5	
万能ねぎ	適量	コリアンダーパウダー	大さじ1	
		クミンパウダー	大さじ1	
		ターメリック	小さじ1	
		ブラックペッパーパウダー	小さじ1	

下準備

玉ねぎは繊維に沿って薄切り、長ねぎは斜めに薄切り、にらは4cm幅にカットしておく。
豚バラ肉は食べやすい大きさにカットする。
豚キムチソースはあらかじめ混ぜ合わせておく。

作り方

1 フライパンにサラダ油を弱火で熱し、にんにくとしょうがを入れて香りが立つまで炒める。

2 豚バラ肉を加え、中火で炒めて火を通す。

3 玉ねぎ、長ねぎ、キムチを加え、しんなりするまで中火で炒める。

4 パウダースパイスを加えて、弱火で混ぜ合わせながら炒める。

5 豚キムチソースとにらを加えて煮立たせたら、仕上げにごま油を回しかけて完成。お好みで
小口切りした万能ねぎをちらす。

アスパラとレモンの鶏キーマカレー

レモンの爽やかさでさっぱりとした食べやすいキーマカレー。
アスパラガスの食感がいいアクセントに。

材料（4人分）

鶏ひき肉	400g		
玉ねぎ	中1個		
にんにく	15g		
しょうが	15g		
レモン	1個		
アスパラガス	3~4本		
塩	小さじ1.5		
水	100ml		
サラダ油	45ml		

ホールスパイス

クミンシード	小さじ1
シナモン	1片
カルダモン	6粒
クローブ	6粒

パウダースパイス

カレー粉	大さじ1
コリアンダーパウダー	大さじ1.5
クミンパウダー	大さじ1
ターメリックパウダー	小さじ1
ブラックペッパーパウダー	小さじ1

下準備

玉ねぎとにんにく、しょうがはみじん切りにしておく。
レモンはしっかり洗って果汁（使うのは15ml）を絞ってから残った皮を細かくカットしておく。
アスパラガスは硬い部分の皮をピーラーなどで取り、3cm幅にカットしておく。

作り方

1 フライパンにサラダ油をひいて弱火で熱し、ホールスパイスを入れてテンパリングする。

2 にんにくとしょうがを加え、弱火で香りが立つまで炒める。

3 玉ねぎを加え、しんなりするまで炒める。

4 鶏ひき肉を加え、中火で火を通す。

5 火が通ったら塩とパウダースパイスを加え、弱火で混ぜ合わせながら炒める。

6 細かくカットしたレモン、アスパラガス、水を加えてアスパラガスに火が通るまで中火で炒める。

7 最後にレモン汁15mlを加えて、混ぜ合わせたら完成。

辛麺風キーマカレー

宮崎発祥の辛麺をカレーテイストにアレンジ。
あっという間に作れる簡単レシピ。
チーズをトッピングするのがとってもおすすめ。

材料（4人分）

合いびき肉	300g
にら	1束
にんにく	8片
┌ 鶏がらスープの素	大さじ1.5
│ 水	300ml
│ 醤油	大さじ1.5
A 料理酒	大さじ1.5
│ 砂糖	大さじ1.5
└ ラード	大さじ1.5
卵	3個
温泉卵	4個

パウダースパイス

カレー粉	大さじ1.5
コリアンダーパウダー	大さじ1
クミンパウダー	大さじ1
ターメリックパウダー	小さじ1/2
一味唐辛子	大さじ2〜お好み

下準備

にらは4cm幅に切り、にんにくは包丁の腹で潰してから粗みじん切りにする。
Aはあらかじめ混ぜ合わせておく。

作り方

1 鍋にAの材料をすべて入れ、沸騰したらにんにくとひき肉を加える。

2 ひき肉に火が通ったらパウダースパイスを加えて、中火で水気が少なくなるまで煮込む。

3 にらを加えて1分ほど煮込んだら溶き卵を加え、卵に火が通ったらすぐ火を止めて完成。お好みで温泉卵をのせる。ターメリックライスと食べるのがおすすめ。

きゅうりのライタ

ヨーグルトを使ったカレーでは定番の付け合わせ。
爽やかな味わいなので辛いカレーと好相性です。

材料（4人分）

ヨーグルト	300g
きゅうり	1本
塩	小さじ1/2
クミンパウダー	小さじ1/2
ブラックペッパーパウダー	小さじ1/2
レモン汁	大さじ1

下準備

きゅうりは細かく角切りにしておく。

作り方

1 すべての材料を混ぜ合わせて完成。

玉ねぎのピクルス

お店でも定番の付け合わせとしてお出ししている玉ねぎピクルス。
カレーを食べるうえで欠かせない存在です。
玉ねぎ以外の食材でも作れるので、お好みの野菜でトライしてみて。

材料 (4人分)

玉ねぎ	1個
酢	150ml
白ワイン	60ml
砂糖	大さじ3
塩	ひとつまみ
カルダモン	8粒
赤唐辛子	2本
ブラックペッパー	10粒
ローリエ	2枚

下準備

玉ねぎは繊維に沿って薄切りにし、軽くゆでてから水気を切っておく。

作り方

1 玉ねぎ以外の材料を鍋に入れて火をかけ、砂糖が溶けるまで煮立たせる。

2 1のピクルス液の粗熱が取れたら、消毒済みの瓶などに玉ねぎと一緒に漬け込む。

3 ひと晩寝かしたら完成。

柚子香るキャロットラペ

柚子の香りが特徴的なキャロットラペ。
お店ではハヤシライスの付け合わせで提供しています。

材料（4人分）

にんじん	1本
クミンシード	小さじ1
A りんご酢	大さじ1.5
柚子茶	大さじ1.5
はちみつ	大さじ1.5
塩	小さじ1/3
オリーブオイル	大さじ1

下準備

にんじんは半分の長さで千切りにしておく。

作り方

1 フライパンにオリーブオイルをひいて弱火で熱し、クミンシードを入れてテンパリングする。

2 にんじんを加えてしんなりしたらタッパーに移す。

3 2にAの材料をすべて加えて混ぜ合わせ、ひと晩寝かせたら完成。

3 章

旅する喫茶の
新・おうち喫茶メニュー

「旅する喫茶」は、日本各地でもイベントを行っており、その
土地の食文化などを体験してきました。そんな経験の中で「こ
んな料理が喫茶店にあったらおもしろいなぁ」という気づきもあ
りました。この章では、そんなレシピを盛り込んでいます。ぜひお
うちで作ってみてください。

麻婆豆腐

麻婆豆腐が大好きな店主が辿り着いたレシピ。
辛くてオイリーで無限にごはんがすすむおいしさ。

材料（2人分）

絹ごし豆腐	1丁	ラー油	大さじ2	**合わせ調味料**	
合いびき肉	100g	ごま油	大さじ1	酒	大さじ1
長ねぎ	1.5本	花椒パウダー	小さじ2~	豆豉	小さじ2
にんにく	15g	塩・こしょう	適量	醤油	小さじ2
しょうが	15g	万能ねぎ（小口切り）	適量	甜麺醤（みそ）	小さじ1
花椒	小さじ1			一味唐辛子	小さじ1~
赤唐辛子	2本	**鶏がらスープ**		砂糖	ひとつまみ
豆板醤	大さじ1.5	鶏がらスープの素	小さじ1	塩・こしょう	少々
水溶き片栗粉	小さじ2	水	150ml		

下準備

豆腐はひと口大に切り、下ゆでして水気を切っておく。
長ねぎとにんにく、しょうがはみじん切りにしておく。
鶏がらスープの素と水を小鍋で加熱し、鶏がらスープを作っておく。
合わせ調味料をあらかじめ混ぜ合わせておく。

作り方

1. フライパンにラー油をひいて弱火で熱し、花椒と赤唐辛子を入れてテンパリングする。

2. 長ねぎ1本分とにんにく、しょうがを加えて香りが立つまで中火で炒める。

3. 豆板醤を加えて炒めてからひき肉を加え、強火でしっかり炒める。

4. 合わせ調味料を加え、鶏がらスープを加えて煮立たせる。

5. 豆腐を入れ、崩さないように少し揺らしながら弱火で3分煮込む。

6. 水溶き片栗粉を加え、とろみがついたら残りの長ねぎ、ごま油を回しかけて、さらに1分ほどと強火で炒める。

7. 最後に花椒パウダーをふりかけ、塩・こしょうで味を調える。

8. 万能ねぎをトッピングして完成。

ハンバーグ

じゅわっとジューシーなハンバーグ。
コツはゆっくり火を入れること。
おいしいハンバーグで素敵な時間をすごしてみて。

材料（1人前）

					デミグラスソース	
玉ねぎ	1/2個	ゼラチン	小さじ1	ケチャップ	大さじ3
合いびき肉	150g	コンソメ	小さじ1	ウスターソース	大さじ2
パン粉	大さじ2	塩・こしょう	適量	赤ワイン	大さじ1
バター	適量	牛脂	1個	醤油	小さじ1.5
水	大さじ1	サラダ油	適量		

下準備

玉ねぎをみじん切りにしておく。
デミグラスソースの材料を混ぜ合わせておく。

作り方

1　フライパンにバターを入れ、玉ねぎを炒める。

2　水にゼラチン、コンソメを入れて混ぜる。

3　ひき肉2/3量と1、2パン粉を入れてヘラで混ぜる。

4　残りのひき肉、塩・こしょうを入れてさっくり混ぜる。

5　細かく刻んだ牛脂をおにぎりに具を入れるようにして4の肉ダネに入れ込み、きれいな楕円型に成形して中心にくぼみをつける。

6　フライパンにサラダ油をひいて弱火で熱し、ハンバーグを加熱する。

7　片側にきれいな焼き色がついたらひっくり返す。

8　もう片側も焼き色がついたら、水50ccほど(分量外)を入れてフタをして中火で加熱する。

9　水気がなくなったら、フタをあけてハンバーグが完成。

10　同じフライパンでソースを温めて、ハンバーグにかける。

しょうが焼き

しょうがたっぷりで肉も柔らかく仕上がるしょうが焼き。
漬け込んだらあとは焼くだけの簡単レシピです。

材料（2人分）

		合わせ調味料	
豚バラ肉	200g	おろししょうが	45g
玉ねぎ	1/4個	酒	大さじ2
キャベツ	適量	醤油	大さじ2
サラダ油	15ml	みりん	小さじ1.5
マヨネーズ	適量	砂糖	小さじ1/2
カットレモン	適量		

下準備

豚バラ肉は食べやすい大きさに切り、玉ねぎは繊維に沿って薄切りにしておく。
キャベツを細かくせん切りにする。お好みの量でOK。
合わせ調味料をすべて混ぜ合わせておく。

作り方

1 豚バラ肉、玉ねぎ、合わせ調味料をすべてジッパーつきの保存袋に入れる。もみこみながら混ぜ合わせて、ひと晩寝かせる。

2 フライパンにサラダ油をひいて中火で熱し、フライパンに1の材料を入れる。おいしそうな焼き目がつくまで炒める。

3 皿に2とせん切りキャベツを盛りつけ、カットレモンを添える。たっぷりマヨネーズをつけてどうぞ。

魯肉飯

台湾のソウルフード、魯肉飯。
店主も台湾で食べてから大好きになった料理です。
少し本格的なレシピでご紹介します。

材料（4人前）

豚バラ肉（ブロック）	300g	唐辛子	2本
玉ねぎ	1/2個	ごま油	30ml
にんにく	15g	ゆで卵	1個
しょうが	30g	小松菜	適量
塩	適量	ごはん	適量
八角	4個	糸唐辛子	適量

合わせ調味料	
水	300ml
酒	大さじ3
醤油	大さじ1強
オイスターソース	大さじ1弱
黒糖	大さじ2
五香粉	小さじ2
こしょう	少々

下準備

豚バラ肉は1cm幅にカットする。
玉ねぎ、にんにく、しょうがはみじん切りにしておく。
小松菜は根を切り落とし、半分にカットする。沸騰したお湯に塩を加え、小松菜を30秒ほど
ゆでて、水でしめておく。
合わせ調味料はすべて混ぜておく。

作り方

1 フライパンにごま油をひいて弱火で熱し、八角と唐辛子を入れてテンパリングする。

2 玉ねぎを加え、中火～強火でこんがりするまで焼いていく。

3 にんにくとしょうがを加え、弱火にして香りが立ってくるまで炒める。

4 豚肉を加え、中火で焼き色がつくまで炒める。

5 合わせ調味料を加え、アクを取りながら弱火で30分煮込む。

6 器にごはんを盛りつけ、5をのせる。お好みでゆで卵や小松菜、糸唐辛子などをトッピングすれば完成。

タコライス

沖縄で海を見ながら食べた思い出のタコライスの味。
たっぷりチーズをタコミートと絡めて食べよう。

材料（2人分）

ごはん	適量
レタス	2~3枚
トマト	1/2個
ミックスチーズ	適量

タコミート	
合いびき肉	200g
玉ねぎ	1/2個
にんにく	15g
サラダ油	15ml

タコソース	
ケチャップ	大さじ2
ウスターソース	小さじ2
中濃ソース	小さじ2
カレー粉	小さじ2
コンソメ	小さじ1
ブラックペッパー	小さじ½
チリパウダー	小さじ½

サルサソース	
トマト	1個
玉ねぎ	1/4個
青唐辛子	1/4本
パクチー	適量
おろしにんにく	小さじ1
レモン汁	少さじ1
塩	ふたつまみ

下準備

タコミートの玉ねぎ、にんにくをみじん切りにしておく。

タコソースをすべて混ぜ合わせておく。

サルサソースのトマト、玉ねぎ、青唐辛子、パクチーを細かく刻み、そのほかの材料と混ぜ合わせておく。

レタスは細切りに、トマトは小さめの角切りにする。

作り方

1 フライパンにサラダ油をひいて中火に熱し、玉ねぎとにんにくを入れ、玉ねぎがしんなりしてくるまで炒める。

2 ひき肉を加え、色が変わるまで炒めたらタコソースを入れて水気がなくなるまで炒めて、タコミートのできあがり。

3 器にごはんを盛り、チーズ、タコミート、レタス、トマト、サルサソース、さらにチーズの順にのせれば完成。

カオマンガイ

タイのソウルフードであるカオマンガイ。

意外と調理工程が少なく簡単に作れるお手軽料理です。

材料 (2人分)

ジャスミンライス		ゆで鶏		たれ	
(日本米でも可) ……… 1合		鶏もも肉 ……… 1枚		赤唐辛子(輪切り) ……… 2本	
パクチー ……… 適量		にんにく ……… 10g		にんにく ……… 10g	
		しょうが ……… 15g		しょうが ……… 15g	
		パクチーの根 ……… 1本分		ナンプラー ……… 大さじ1	
		長ねぎ		味噌 ……… 大さじ1	
		(緑色の部分) ……… 1本分		酢 ……… 大さじ1	
		醤油 ……… 小さじ1		砂糖 ……… 大さじ1	
		砂糖 ……… 小さじ1			
		塩 ……… 小さじ½			
		水 ……… 500ml			

下準備

ゆで鶏用のにんにくは包丁の腹で潰し、しょうがは適当なサイズに薄切り、パクチーの根と長ねぎは適当なサイズに切っておく。

たれのにんにくとしょうがはみじん切りにしておく。

たれの材料はすべて混ぜ合わせておく。

作り方

1 鍋にゆで鶏の肉以外の材料をすべて入れ、火にかける。沸騰したらアクを取り、弱火にして鶏肉を10分ほどゆでる。中まで火が通ったら粗熱が取れるまで置いておく。

2 炊飯釜に米を入れ、1のゆで汁を1合の目盛りまで加えて炊飯する。

3 器に2を盛り、切り分けた1の鶏肉を添える。たれをかけたらパクチーをトッピングして完成。

ガパオライス

バジルを入れるとより本格的な味わいになるので、
ぜひ入れてみてください。

材料 (2人分)

鶏ひき肉	300g	しょうが	10g	合わせ調味料	
玉ねぎ	1/2個	バジル	ひとつかみ	ナンプラー	大さじ1強
赤パプリカ	1/4個	卵	2個	オイスターソース	大さじ1強
ピーマン	1/4個	サラダ油	30ml	醤油	小さじ1
赤唐辛子	2本	ジャスミンライス		豆板醤	小さじ1.5
にんにく	15g	（日本米でも可）	適量	砂糖	小さじ1強

下準備

玉ねぎ、にんにく、しょうがはみじん切りにしておく。
赤パプリカ、ピーマンは食べやすい大きさに切っておく。
合わせ調味料をすべて混ぜ合わせておく。

作り方

1 フライパンにサラダ油をひいて弱火で熱し、赤唐辛子を最初に加熱してから、にんにくと
　しょうがを炒めて香りを立たせる。

2 玉ねぎを加えて軽く炒める。

3 ひき肉を加えて色が変わるまで炒める。さらに赤パ
　プリカとピーマンを加えて炒める。

4 合わせ調味料とバジルを加えてサッと炒める。

5 炊いたごはんを盛りつけた器に4を添え、同じフラ
　イパンで焼いた目玉焼きをのせて完成。

ジャーク・チキンオーバーライス

ニューヨークの定番屋台めし。

最近、日本でも屋台めしとして浸透してきました。

今回は鶏肉部分をジャマイカのジャークチキン風に仕上げています。

材料 (2人分)

鶏もも肉	2枚
レタス	適量
サラダ油	適量

マリネペースト

長ねぎ	1/2本
プレーンヨーグルト	60g
すりおろしにんにく	20g
すりおろししょうが	10g
ライム果汁	1個
オールスパイス	大さじ2

タイム	小さじ2
パプリカパウダー	小さじ2
コリアンダーパウダー	小さじ2
クミンパウダー	小さじ1
ブラックペッパーパウダー	小さじ2
ナツメグ	小さじ1/2
塩	小さじ1.5
砂糖	小さじ2

ホワイトソース

プレーンヨーグルト	60g
マヨネーズ	30g
はちみつ	小さじ2
ライム果汁	1/2個
塩	少々
ブラックペッパーパウダー	少々

ターメリックライス

米	1合
ターメリック	小さじ1
バター	10g

下準備

マリネペーストの材料をすべて混ぜ合わせておく。

ホワイトソースもすべて混ぜ合わせておく。

ターメリックとバターを入れてお米を炊いておく。

作り方

1 鶏もも肉とマリネペーストをジッパーつきの保存袋に入れてしっかりもみこみ、ひと晩寝かせる。

2 フライパンにサラダ油をひいて中火で熱し、鶏肉を入れてフタをし、おいしそうな焼き色がつくまで焼く。片面が焼けたらひっくり返して、もう片面も焼き、適当なサイズに切り分ける。

3 器にターメリックライスを平らに盛りつけ、食べやすいサイズにちぎったレタスをのせる。その上にジャークチキンを盛りつけ、最後にホワイトソースをかけて完成。パプリカパウダーがあれば、少しふりかけて彩りを足しておく。

ボロネーゼ

好きなフランス映画で登場人物がおいしそうに
食べているのを観てから、よく作るようになりました。
パスタソースはひと晩置いて食べるとさらにおいしくなりますよ。

材料（2人分）

				パスタソース	
パスタ	200g	オリーブオイル	15ml	トマト缶	200g
合いびき肉	200g	バジル	3~4枚	赤ワイン	50ml
玉ねぎ	1/4個	塩	適量	ケチャップ	大さじ1.5
にんじん	1/4個	粉チーズ	適量	砂糖	小さじ1
セロリ	1/2本	パセリ	適量	塩	小さじ1/2
にんにく	15g			こしょう	少々
バター	20g				

下準備

玉ねぎ、にんじん、セロリ、にんにくはみじん切りにしておく。

パスタソースはすべて混ぜ合わせておく。

パスタは沸騰したお湯に水分量の1%の塩（分量外）を加え、表示時間より1分短くゆでておく。ゆでるときにオリーブオイル少々（分量外）を加えると、パスタのくっつき防止になる。

作り方

1　フライパンにオリーブオイルをひいて中火で熱し、バターとみじん切りした野菜を入れてしんなりするまで炒める。

2　ひき肉を加え、焦げ目がつくまでしっかり炒める。

3　パスタソースを加え、弱火で15分ほど煮詰めたらバジルを加えて少し火を通し、塩加減を調整する。

4　3にゆでたパスタを加え、しっかり絡めて器に盛りつける。粉チーズをたっぷりかけて食べるのがおすすめ。パセリもあれば少しふっておく。

カルボナーラ

まろやかで濃厚なカルボナーラ。
するするおなかに入っちゃうのはしょうががポイント。
さあ、たんと召し上がれ。

材料 (2人分)

パスタ	200g	コンソメ(顆粒)	大さじ1.5
生ハム	70g	粉チーズ	大さじ4
バター	40g	オリーブオイル	適量
おろししょうが	小さじ1	ブラックペッパー	少々
牛乳	150ml	粉チーズ(トッピング用)	
卵黄	4個		適量

下準備

パスタは沸騰したお湯に水分量の1%の塩(分量外)を加え、表示時間より1分短くゆでておく。ゆでるときにオリーブオイル少々(分量外)を加えると、パスタのくっつき防止になる。

作り方

1 フライパンにバターを入れて熱し、しょうがを加えて香りを立たせる。

2 牛乳とコンソメを加え、中火で沸騰させないように少し揺らしながら火にかける。

3 全体がなじんでパスタを加えて絡ませたら、火を止めて卵黄と粉チーズ半量を加えてフライパンを揺らしながらさっと混ぜ合わせ、さらに残りの粉チーズを加えて、再度さっと混ぜ合わせる(粉チーズは2回にわけて、ダマになりにくくする)。

4 3を盛りつけ、生ハムをのせる。オリーブオイルを回しかけ、ブラックペッパー、粉チーズをふりかければ完成。

焼きリンゴ

オーブンでじっくり焼くことで甘味が増します。
クリームチーズを添えて、ちょっと贅沢な焼きリンゴに仕上げましょう。

材料（1人分）

リンゴ	1玉	クリームチーズ	50g
バター	30g	ブラックペッパー	適量
はちみつ	適量	くるみ	適量
シナモンパウダー	適量	メープルシロップ	適量
生クリーム	150ml	ミント	適量

下準備

リンゴをよく洗って、芯をくりぬいておく。
くるみを砕いてローストしておく。

作り方

1 バターを溶かし、はちみつとシナモンパウダーを入れて混ぜ合わせておく。

2 リンゴを輪切りにスライスし、*1*をハケで全体にしっかり塗る。

3 200℃に予熱したオーブンで20分ほど焼く。途中、様子を見ながら、しんなりして焼き目がついたら取り出す。

4 生クリームとクリームチーズを合わせ、泡立てたものをリンゴの上にのせる。

5 ブラックペッパーとくるみを上からふりかける。

6 メープルシロップをたらしてミントを飾ったら完成。

トワイライトレモネード

日が沈んだ直後の空の色を思わせるような
美しいグラデーション。
レモンシロップを作っておけば、いつでも楽しめます。

材料（1杯分）

レモンシロップ	
レモン	2個
グラニュー糖	100g
はちみつ	30g
水	50ml

※レモンシロップは作りやすい分量で出しています。

材料A	
レモンシロップ	50ml
炭酸水	150ml

材料B	
バタフライピー（粉）	少々
炭酸水	30ml

作り方

1　レモンの皮をむいたら薄切りにして、グラニュー糖とはちみつ、水ともに鍋に入れて弱火で火にかける。

2　砂糖が溶けてから全体を混ぜ、なじんだら火を止めて粗熱を取る。

3　消毒をした瓶に移し、ひと晩寝かせれば、レモンシロップのできあがり。

4　材料Aを合わせてレモネードを作る。

5　氷を詰めたグラスに4を流しこむ。

6　材料Bのバタフライピーの粉を炭酸水で溶かし、5の上から優しく注げば完成。

スパイス香るクラフトコーラ

カレーを作る喫茶店ならではのスパイスが香る仕上がりに。
少し大人味のクラフトコーラです。

材料（1杯分）

コーラシロップA		コーラシロップB			
シナモンスティック	1本	砂糖	50g	コーラシロップ	30ml
クローブ	5g	水	30ml	炭酸水	170ml
八角	3個			ローズマリー	1本
バニラオイル	1ふり			レモン（輪切り）	1枚
ブラックペッパー	10粒				
ナツメグ	1g				
しょうが	20g				
水	300ml				
レモン	1/2個				
きび砂糖	250g				
ライム	1/2個				

※コーラシロップAは作りやすい分
　量で出しています。

下準備

しょうがは洗って皮がついたまま薄切りにしておく。

作り方

1 コーラシロップAのレモンときび砂糖とライム以外の材料をすべて鍋に入れ、弱火で加熱する。

2 別の小鍋で、コーラシロップBの材料も弱火で加熱してカラメルを作る。カラメルは黒くなりすぎる前に火を止める。

3 コーラシロップAがグツグツしてきたらきび砂糖を加え、溶けたらレモンとライムの絞り汁を加えて火を止める。

4 コーラシロップBに3を流して弱火で再び加熱し、カラメルが溶けたらシロップが完成。

5 シロップをグラスに注ぎ、氷を入れてから炭酸水を注ぐ。お好みでレモンとローズマリーを添える。

ジンジャーエール

自家製シロップを使ったジンジャエールで
手軽におうち喫茶を楽しみましょう。
ちょっとピリッとした辛口な仕上げです。

材料（1杯分）

ジンジャーシロップ			
しょうが	200g	ジンジャーシロップ	40ml
グラニュー糖	150g	炭酸水	120ml
水	100ml	ミント	適量

A	はちみつ	大さじ3
	レモン果汁	小さじ2
	シナモンスティック	1本
	鷹の爪	1本

※ジンジャーシロップは作りやすい分量で出
　しています。

下準備

しょうがは洗ってから皮がついたまま薄切りにしておく。

作り方

1 小鍋にしょうが、グラニュー糖、水を入れ、弱火で火にかけて10分ほど煮る。

2 Aを加えて10分ほど混ぜながら弱火で煮る。

3 冷ましてから、消毒した瓶に入れてシロップが完成。

4 シロップと炭酸水を混ぜ合わせ、グラスに注いだらミントを添えて完成。

ジンジャーチャイ

カレーと相性抜群のチャイ。
今回はジンジャーをベースにした
冬におすすめのレシピをご紹介します。

材料（4人分）

水 ‥‥‥‥‥‥‥‥‥‥ 400ml
茶葉（※CTC） ‥‥‥‥ 大さじ1
おろししょうが ‥‥‥‥ 小さじ2
カルダモン ‥‥‥‥‥‥ 6粒
シナモン ‥‥‥‥‥‥‥ 1片
牛乳 ‥‥‥‥‥‥‥‥‥ 200ml
砂糖 ‥‥‥‥‥‥‥‥‥ 大さじ2

※CTC……短時間で紅茶の成分が
出やすく加工した茶葉のこと

下準備

カルダモンは砕いておく。

作り方

1 鍋に水、茶葉、おろししょうが、スパイス類を加えて火にかけて沸騰させる。

2 沸騰したら弱火にして3分煮出す。

3 3分たったら強火にし、再び沸騰させてから牛乳を加える。

4 再び沸騰するまで強火で火にかけ、沸いたら弱火にし、砂糖を加えて3分煮る。

5 3分たったら、茶こしでこしながらカップに空気を含ませるように注いで完成。

スウィートポテトのキャラメリゼ

キャラメリゼしたスウィートポテトにバニラアイスが溶けて……。
あま〜い絶品デザート。

材料(2人分)

さつまいも	180g
バター	20g
砂糖	大さじ1
生クリーム	50cc
塩	ひとつまみ
卵黄	1個
バニラアイス	適量
ミント	適量

下準備

さつまいもの皮をむき、濡らしたキッチンペーパーで巻いた上にラップを巻いて、電子レンジで竹串がスッと通るまで様子を見ながら加熱する。取り出したらそのまま5分放置する。

作り方

1 さつまいもにバターと砂糖を混ぜながら潰す。

2 生クリームと塩も加え、混ぜ合わせる。

3 粗熱が取れてから、卵黄を加えてよく混ぜる。

4 3をお好みの耐熱容器に入れて表面を平らにする。

5 200℃のオーブンで15分ほど、表面にきれいな焼き目がつくまで焼く。

6 表面にグラニュー糖(分量外)をまんべんなくかけて、バーナーで炙るか、オーブンに入れて表面がキャラメル状になるまで加熱する。

7 上にアイスをのせて、ミントをトッピングして完成。

みかんとミントのアイス

さっぱりみかんの自家製アイスはいかが？
後味スッキリミントを効かせて。

材料（3〜4人分）

砂糖	100g
水	150ml
ミント（先端の新芽）	4房程度
牛乳	150ml
みかん果汁	150ml

作り方

1. 砂糖と水を鍋で温めながら溶かす。

2. 透明になったら火からあげて、冷ます。

3. 少し温度が下がったらミントを入れて、香りがたったら取り出す。

4. 牛乳、果汁を加えて混ぜ合わせる。

5. 冷凍庫に入れ、1時間たったらさっくり混ぜて、また戻す。

6. 3回程度、混ぜる、戻すをくり返し、冷やし固めたら完成。

おわりに

　喫茶店という空間と概念が生まれてから今まで続く歴史の中で、その喫茶店の在り方も時代と共に移り変わってきました。

　ただ、コミュニケーションをとる場所としての在り方は、長い人類の歴史にロマンを見出せるほどの時間があると言っても過言ではないほど、遠い過去からその根底は今に至るまで変わっていないと感じています。

　その概念的要素を抽出したとき、人と人との出会いで何かが生まれる場所、もしくは自分と向き合い、ある種の儀式的様式空間としての機能が活かされた場所はおうちであろうとも、もはや喫茶という言葉を借りるに値する場所といえるのではないでしょうか。

　そんな仮説と試みを「旅する喫茶」と並行して行ってきました。「旅する喫茶」が空間を拡張させた喫茶であるならば、おうち喫茶はその概念自体を拡張させた喫茶であるのです。

料理を生み出すことそれ自体がクリエイティブでありながら、その延長線にある他者と自分との間に置かれたひと皿が存在することによってコミュニケーションが生まれる、もしくはクリエイティブを刺激する要因になることを経験をもって確信しています。これは自分の前に置かれたひと皿に置き換えても同じことが言えます。大げさに言ってしまえば、そのひと皿で未来や人生を変えてしまうかもしれません。

　この本の冒頭に話した"きっかけ"というものを少しだけ深掘りして説明をすると、まさにそのおうちで気軽に楽しめる喫茶の空間と時間が人生を変えてしまう大きな流れの中の小さなきっかけとなりうるかもしれないといことであり、あなたが手に取ってくれたこの1冊の本の何か1品からそんなコミュニケーションが生まれ、新しいものやことがその先に生まれることを願って締めくくりたいと思います。

店舗紹介

旅する喫茶

「カレーとクリームソーダって相性いいんじゃ
ない?」そんなひと言をきっかけに、それぞれ
が趣味だったtsunekawaとNaoki Tamaki
の2人でプロジェクト「旅する喫茶」を開始。
2019年4月から今までに、北海道から沖縄ま
での20都道府県30ヶ所で開催した(2022年
10月現在)。2019年、旅の拠点となる喫茶
店を東京・高円寺にて『旅する喫茶』を開業
し、多くのファンを獲得する。

店 URL：https://tabisurukissa.com
※ 営業に関する詳しい情報は公式 Twitter をご確認ください。

tsunekawa

東京を拠点に活動中。名古屋モード学園卒。現在は服飾ブランドを運営しながら独学でクリームソーダ作りを行っている。オリジナル性の高いクリームソーダを全国の風景とともに撮影し、その写真をTwitterなどで投稿したところ大きな反響を呼び、現在はTwitterフォロワー18万人超を獲得する。全国"旅する喫茶"と称し、日本全国を巡りながら地元食材を使った喫茶巡業活動も行っており、2019年、この活動の拠点となる「旅する喫茶」を高円寺にてオープンしている。

Naoki Tamaki

エコール辻大阪にて洋菓子を専攻し卒業。上京後3年間は飲食の道を離れ、会社員を続けるも趣味のカレー好きが高じて、2019年4月よりtsunekawaと"旅する喫茶"を発足。現在は東京・高円寺にある喫茶店「旅する喫茶」を拠点に、地元食材を使ったスパイスカレーを作りながら全国を旅している。

Twitter: @tsunekawa_
@tamakicurry
@ouchigoto_ht
@tabi_suru_kissa

Instagram: tsunekawa_
n_tamaki
tabisurukissa

おなかも心も満たす
旅する喫茶のおうちRecipe

2023年2月2日　初版発行
2023年3月25日　再版発行

著者／tsunekawa、Naoki Tamaki

発行者／山下直久

発行／株式会社KADOKAWA
〒102-8177　東京都千代田区富士見2-13-3
電話　0570-002-301（ナビダイヤル）

印刷所／凸版印刷株式会社